Versailles

Versailles

Introduction
de
C. MAURICHEAU-BEAUPRÉ

PANORAMAS

35 et 37 rue de Seine

PARIS

LE site de Versailles dévale autour d'une butte étroite en des pentes diverses. Sa vue, bornée au nord, au levant, au midi par une suite ininterrompue de hauteurs boisées, découvre au couchant une vaste étendue de plateaux ou de plaines.

La forêt de Marly au nord-ouest joint par les hauteurs de Rocquencourt le bois de Fausse-Repose au nord-est lequel en dépit d'une étroite dépression, semble toucher au bois de Meudon. L'ondulation verte continue par Vélizy, le bois des Gonards, le plateau de Satory et les dernières hauteurs de Saint-Cyr, du sud-est au sud-ouest.

Entre cette butte et sa ligne d'horizon, il y avait bien des vallonnements, des étangs ou des marécages dans les parties basses, des taillis mais aussi de belles et bonnes cultures, que révèlent contrats de ventes ou plans parcellaires. Au couchant, le val de Galie s'étendait entre les villages de Trianon et de Choisy-aux-Bœufs jusqu'aux bâtiments fort anciens qui portent encore aujourd'hui le nom de ferme de Galie. Là le terrain remonte en un repli égal vers Saint-Cyr, Fontenay et Bailly. Au levant, la hauteur de Montbauron forme le dernier contrefort de la butte de Picardie. Les maisons du village de Versailles bordaient « le chemin aux bœufs » suivi par les rouliers pour conduire à Paris le bétail de Normandie. L'hôtel seigneurial les dominait ainsi que l'église dédiée à saint Julien de Brioude, et, plus haut sur la butte, le moulin banal.

Le nom de Versailles paraît en 1075 dans les actes de Philippe Ier. Au xvie siècle, s'il faut en croire un chroniqueur, « la terre de Versailles » tenta un favori de la reine Catherine, Albert de Gondi, comte de Retz, au point d'en faire étrangler le seigneur. C'était en 1575 et la reine paya de ses deniers cette seigneurie 35 000 livres aux héritiers. Mais Louis XIII par contre n'en eut cure, quand, une cinquantaine d'années plus tard, en 1624, il fit arpenter par un nommé Pierre Le Sage des terrains appartenant à une demoiselle Martin pour y élever au sommet de la butte, proche le moulin banal, une simple maison de chasse : « Ennuyé, écrira, près d'un siècle plus tard Saint-Simon, et sa suite plus encore que lui, d'y avoir couché dans un méchant cabaret à rouliers et dans un moulin à vent, excédé de ses longues chasses dans la forêt de Saint-Léger... » On ne saurait se contenter de ces explications tardives, si l'on regarde une carte et si l'on sait que le château de Noisy était aussi proche de Saint-Léger que Versailles. Et, à ce compte, pourquoi pas Rambouillet ? Le site de Versailles dut donc exercer sur Louis XIII un attrait mystérieux comme plus tard sur son fils et dont on ne saurait rendre raison. Ce premier domaine comprenait 117 arpents, formés de petits biens pour lesquels 26 contrats furent nécessaires. En 1632, après la Journée des Dupes, le roi décida d'augmenter considérablement sa maison et son domaine et il acheta 16 000 livres (1), cette même année, 167 arpents de prés et pâtures à un auditeur à la Cour des Comptes

(1) La valeur de la livre a fréquemment varié au cours du xviie siècle. On peut l'évaluer en gros à 3 francs de 1914.

nommé Le Brun et, pour 66 000 livres, la seigneurie de Versailles, à J.-F. de Gondi, petit-fils du favori de Catherine de Médicis et premier archevêque de Paris (1). Les armes de l'archevêque furent enlevées et celles du roi placées sur l'orme du carrefour principal. La maison restait bien un « chétif château... de la construction duquel un simple gentilhomme ne voudrait pas prendre vanité », ainsi que l'écrivait Bassompierre, et dont la vie demeurait mêlée à celle du village. Sa volaille s'égaillait par les chemins puisque, le 31 avril 1631, un soldat passant en compagnie du vicaire de Trianon, volait au roi « ung coq et une poulle dindes... proche la tonnelle de la basse-court du costé de l'estan de Clagny ».

Voici la vision assez juste et fort bien résumée que J.-F. Blondel donne dans son *Architecture française* du Versailles de Louis XIII : « Ce Château était flanqué de quatre pavillons de pierre et de brique... Une fausse-braie entourait ce bâtiment, et elle était précédée d'un fossé à fond de cuve, revêtu de brique et de pierre de taille, terminé par une balustrade. Ce petit édifice était environné de bois, de plaines et d'étangs, *dont la nature alors faisait seule les frais.* Quelque temps après Louis XIII fit percer ce bois, planter les plaines et cultiver un parc qui n'occupait de son temps que l'étendue que renferment aujourd'hui les jardins de Versailles. »

L'exactitude de ces dires est confirmée par un plan trouvé en 1926 (voir pages X-XI). Son ancienneté a été contestée bien à tort avec des arguments qui s'effondrent devant les faits (2). Ce plan, de 1660-1661,

---

(1) Mauricheau-Beaupré : *Versailles.* Monaco, 1948, p. XII.
(2) Ch. du Bus : *Le plus ancien plan de Versailles.* Gazette des Beaux-Arts, 1926, II, p. 183. — Ch. Hirschauer. *Anciens plans de Versailles.* Revue d'Histoire de Versailles, 1927, p. 43.

montre le château et e parc de Louis XIII avant
le commencement des travaux de Louis XIV, parmi
les chemins ruraux et les villages du val de Galie. Il
est antérieur à 1662 puisque les communs sont ceux
de Louis XIII, élevés dans l'axe même des ailes du
château, tandis que Louis XIV les reconstruisit en
mars 1662 très en retrait de ces ailes (1). Le « grand
rond d'eau » qu'on aperçoit au bas du parc de
Louis XIII, où plus tard Louis XIV fera placer le
char d'Apollon, date, comme on a pu le prouver (2),
de 1639 et fut exécuté sous les ordres du surintendant
des Bâtiments, Sublet des Noyers.

Et voilà que sur toute cette campagne située sans
grande précision et comme pour mémoire, un net
trait de plume marque une nouvelle enceinte, c'est
« le premier arpentage dudit parc fait par Le Sage
juré arpenteur en l'année mil-six-cens-soixante ».
Le village de Trianon s'y trouve enclos et celui de
Choisy-aux-Bœufs ne l'est point encore. Vis-à-vis
Trianon, la ferme de La Boissière où va être élevée
la Ménagerie, se trouve également enclose « en 1662
que se fit la première enceinte ».

Ce tracé correspond donc au premier « Petit-Parc »
de Louis XIV. C'est le temps où Le Nostre commence
de transformer en jardins le parc de Louis XIII, fait
démolir le village de Trianon, pendant que Le Vau
élève la *Ménagerie* où Louis XIV va rassembler à partir
de 1663 des animaux curieux ou rares ou féroces.
En 1670, paraît au printemps comme suscité par une
baguette de fée le *Trianon de Porcelaine*, dont, grâce
à des serres démontables, les parterres sont maintenus
en fleur durant toute la mauvaise saison. C'est entre ces
deux pôles du nouveau Parc que Le Nostre assemble

(1) Mauricheau-Beaupré : *Les premiers travaux de Louis XIV
à Versailles*. Rev. d'Histoire de Versailles, 1933, p. 31.
(2) Mauricheau-Beaupré : *Versailles*, Monaco, 1948, p. XII.

les rus, draine les marécages et étend la croix de son
Canal comme un chemin d'eau entre le Grand Rondeau,
la Ménagerie, Trianon. Déjà le dernier bras de la croix
sort de l'enceinte en direction de la Ferme de Galie.
En 1676, le Petit Parc s'augmente encore pour enclore
avec l'extrémité du Canal le village de Choisy et la
ferme de Galie. Les murs d'enceinte qui correspondent
en partie à ceux qu'on peut voir encore furent cons-
truits en 1677. Les routes pavées convergent pour la
plupart à la Grande Etoile, au bout du Canal; d'autres
routes en partent à travers la plaine vers Villepreux
dans l'axe, vers Saint-Cyr, Châtenay, à gauche, Noisy
et Bailly à droite. Aujourd'hui encore le Petit Parc
contient plus de 1700 hectares.

En 1680, quand le roi a manifesté son dessein de
s'établir à Versailles, les acquisitions nouvelles permettent de tracer une nouvelle enceinte enfermant le
« Grand Parc » ou parc de chasse. Cette enceinte d'envi-
ron 43 kilomètres de tour joignait la forêt de Marly au
nord-ouest, traversait le plateau de Trappes pour
englober tout le plateau de Satory, au midi, enfermant
ainsi près de six mille hectares. Son mur d'enceinte
subsiste en divers endroits ainsi que certaines de ses
vingt-quatre portes.

Le Nostre put étendre l'axe de sa composition sur
une longueur de 13 600 mètres, depuis les hauteurs de
Vélizy par l'avenue de Paris, le Tapis-Vert, le Canal
jusqu'au village de Villepreux, par une allée de quatre
rangées d'ormes abattus pendant la Révolution.

Ainsi fut constitué cet immense domaine réparti
en *Jardins* (Parc de Louis XIII); *Petit Parc*, environnant
le Canal avec deux enclaves : Trianon et La Ménagerie;
le *Grand Parc* en partie aliéné durant la Révolution.

Le Nostre engagea dès le principe le destin de Versailles en développant les terrasses et les parterres

Collection d'Anville
(Bib. Nat.)

X

VERSAILLES LE CHATEAU DE LOUI

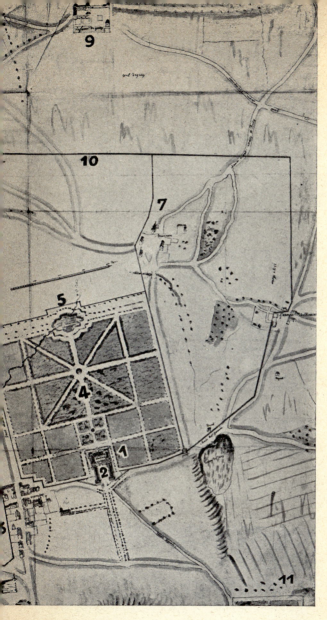

II, LES JARDINS, LES ENVIRONS (PLAN DE 1660)

autour du petit Château de Louis XIII. Ce travail accompli entre 1662 et 1668 entraîna, semble-t-il, la transformation de la maison que Louis XIV, après bien des hésitations, des luttes avec Colbert et les architectes, s'obstina à conserver. Mais comme les nouveaux jardins étaient disproportionnés à sa petitesse, le roi la fit envelopper du côté des parterres. Louis le Vau fut l'architecte de ce bâtiment qui enserre sur trois côtés la maison de Louis XIII, la rend invisible des jardins et forme toujours le corps central du Château (1668-1675). J.-H. Mansart lui ajouta, à partir de 1678, les deux ailes du Midi et du Nord, cintra les fenêtres de l'étage noble et plaça la Galerie des Glaces au centre du bâtiment élevé par Le Vau. A cette époque, qui succède au Traité de Nimègue, Louis XIV, décidé à faire de Versailles la résidence de la Cour et le siège du Gouvernement, fit achever aux côtés de la grande Avant-cour les Ailes dites des Ministres ou des Secrétaires d'Etat. Les communs de 1662 joints au petit château de Louis XIII furent séparés de l'Avant-cour par une grille semi-circulaire, qui ouvrait à l'endroit où se trouve aujourd'hui la statue moderne de Louis XIV. La première cour ainsi formée se nommait la Cour Royale ou Cour du Louvre, parce que seuls ceux qui jouissaient des honneurs dits du Louvre pouvaient y pénétrer en carrosse. La cour du Château de Louis XIII, surélevée alors de cinq marches et pavée de marbre a pris depuis lors le nom de Cour de Marbre. Tous les ornements de plomb des toits étaient dorés. Dès 1668, Mlle de Scudéry s'en émerveillait : « Comme le soleil parut un moment fort à découvert, il sembla... que ce n'était que pour faire briller davantage tout l'or dont le comble du palais est orné et pour... faire paraître plus agréable le ciel ouvert qu'on voit à travers le vestibule, et la *belle vue qui s'étend aussi loin que les regards peuvent aller...* » Il n'y a encore à cette date que la petite maison aux pierres blondes, aux briques roses, aux ardoises bleues rehaussées d'or, mais cette vue étendue jusqu'à l'horizon, c'est déjà tout l'art de Le Nostre et tout le grand Versailles à venir. Le Nostre remodèle le parc de Louis XIII, élargissant la butte par d'énormes terrassements, l'avançant en un vaste fer à cheval vers un jardin bas qu'il ouvre comme une large clairière et qui sera le Parterre de Latone. Il élargit l'Allée Royale (le Tapis-Vert d'aujourd'hui) et, au-delà du Bassin d'Apollon, la continue par le Grand Canal dont il enfonce la pièce d'eau terminale jusque dans la remontée du terrain et, quand il ne peut plus creuser, il prolonge la perspective par la Grande-Etoile et une grille qui découvre l'allée de Villepreux à travers la plaine.

Lorsque le 6 mai 1682, Louis XIV s'installe définitivement à Versailles, il y a vingt ans à peine que les travaux ont commencé. Une ville entière se développe à l'ombre de la demeure nouvelle, coupée en quatre segments par l'avenue de Paris plus large que les plus modernes autostrades, les avenues de Saint-Cloud et de Sceaux. Deux bâtiments, dont le plan est d'une beauté et d'une habileté prodigieuses, les séparent, ouvrant leurs cours sur la Place d'Armes; ce sont la Grande Ecurie pour les chevaux de main, la Petite Ecurie pour les carrosses. Les jardins se remplissent de bosquets variés et de mille œuvres d'art, statues de marbre et de bronze, groupes de plomb dans les fontaines, vases et termes de marbre. Dans le grand sillage de l'antique une nouvelle école française multiplie les chefs-d'œuvre. Toute cette décoration s'ordonne d'abord selon un symbolisme précis autour du mythe d'Apollon, dieu du Soleil, de ce soleil à face humaine qui est venu s'ajouter aux armes royales et qu'on trouve partout, mêlé aux fleurs de lis, aux coqs gaulois, à la lyre, au sceptre et à la main de justice, aux colliers des ordres de Saint-Michel et du Saint-Esprit. L'on voit sur la façade Apollon et Diane parmi les Mois de l'année et les Ages de la vie, on trouve leur naissance au Bassin de Latone, le lever du soleil au Bassin d'Apollon, son coucher à la Grotte des Bains d'Apollon. Les fontaines des Quatre Saisons environnent le Tapis Vert. En 1689 Versailles est achevé; moins de trente ans ont suffi pour accomplir cette œuvre colossale que la Chapelle Royale viendra parfaire au début du xviiie siècle et à la fin du règne (1699-1710). Seule la salle de spectacles demeurera inachevée jusqu'en 1770; Gabriel l'exécutera pour le mariage du futur Louis XVI avec l'archiduchesse Marie-Antoinette.

Il est assez difficile d'évaluer ce que Louis XIV a dépensé pour Versailles, tant d'exagérations absurdes ont été colportées sur ce sujet. D'après les Comptes des Bâtiments, commencés en 1664, le total monte en 1715, date de la mort du roi, à 65.651.267 livres 18 sols 3 deniers. Même si l'on ajoute ce qui a pu être dépensé entre 1661 et 1664, on n'atteint pas 70 millions de livres.

Il n'y avait point d'eau à Versailles; sa recherche et son adduction furent le plus difficile problème qu'eut à résoudre, au prix de mille difficultés, la volonté tenace de Louis XIV. Au début on se borna à faire monter par des moulins d'abord l'eau de l'étang de Clagny, puis celle de la Bièvre en la faisant passer par-dessus le plateau de Satory. Riquet conçut le projet hardi de faire venir la Loire, que l'imagination de Le Nostre voyait déjà descendant en cascades dans la pièce des Suisses. Mais l'abbé Picard prouva que Riquet s'était trompé dans ses nivellements et proposa de drainer les eaux superficielles des plateaux environnants. Tout un réseau de rigoles, d'étangs, d'aqueducs fut établi qui s'étend sur 34 kilomètres entre Versailles et Rambouillet et se fût joint, sans la guerre dite de la Ligue d'Augsbourg, au fameux aqueduc de Maintenon et eût pu amener ainsi l'eau de la rivière d'Eure. Si Vauban avait pu terminer l'aqueduc, celui-ci eût singulièrement dépassé le Pont du Gard avec cinq kilomètres de longueur et soixante-treize mètres trente-deux de hauteur contre deux cent soixante-neuf mètres de longueur et quarante-huit mètres de hauteur. Comme l'Eure eût aisément donné par jour cent mille mètres cubes d'eau bonne à boire, l'on a plusieurs fois songé à reprendre un projet aussi utile que grandiose. L'alimentation des fontaines de Versailles est encore assurée par le drainage des plateaux voisins sauf dans les années de sécheresse. C'est pourquoi sans doute Louis XIV se laissa-t-il séduire par le projet de R. Sualem et d'Arnold de Ville et fit-il exécuter la machine de Marly. Les travaux commencèrent en 1681, les roues propulsées par le courant de la Seine en élevaient l'eau à 162 m. 15 au-dessus du niveau de la rivière. L'eau descendait ensuite par un aqueduc souterrain puis aérien aux réservoirs de Montbauron. Cette machine, plusieurs fois transformée ou refaite, marche encore au même endroit, mais maintenant c'est l'eau de nappes souterraines qu'elle élève à Versailles et dans d'autres communes.

De tels travaux enflammaient l'imagination des poètes et leur faisaient comparer à la Création l'œuvre accomplie à Versailles :

Ce chef-d'œuvre pompeux que produit votre main
Semble vous approcher du Pouvoir souverain
Qui tira du néant le ciel, la terre et l'onde
Lorsque étalant ici tant de charmes divers,
Du lieu le plus ingrat qui fut dans l'Univers
Vous faites aujourd'hui la merveille du monde.

L'abbé Cotherel publiait ce sonnet en 1680 quand Versailles était un immense chantier; nous nous rendons moins compte de l'ampleur d'un tel effort bravant une pauvreté de moyens techniques difficile à imaginer aujourd'hui.

Dangeau nous renseigne parfois sur la marche des travaux quand il écrit le 27 août 1684 : « Durant cette dernière semaine, on dépensa pour Versailles 25 000 livres; il y avait tous les jours 22 000 hommes et 6 000 chevaux qui travaillaient. » Il en comptera 36 000 l'année suivante. Les Comptes des Bâtiments permettent de suivre avec une grande précision les travaux de Versailles et de voir que l'année où la dépense fut la plus forte fut cette année 1685 qu'elle atteignit 6.103.760 livres.

Ce ne sont point les chiffres néanmoins qui peuvent rendre raison d'une beauté unique par la grandeur des proportions peut-être, mais aussi, mais surtout par leur mesure parfaite. Que les toitures de Versailles couvrent comme la pièce des Suisses une superficie de 11 hectares, que son canal ait 1650 mètres de longueur, que ses jets d'eau aient atteint sous Louis XIV le nombre de 1400, que ses statues et ses vases soient encore 2000, cela ne suffit point si l'on ne songe à la beauté de la matière, à sa merveilleuse mise en œuvre, au goût incomparable qui a disposé toutes les œuvres d'art, établi entre les bâtiments et les perspectives une harmonie dont la majesté domine celle des forêts environnantes et marque à jamais un des plus éclatants triomphes de la volonté humaine.

VERSAILLES is situated on and around a narrow knoll and its irregularly inclined approaches, some 12 miles to the South-West of Paris. The view, limited on the North, East and South by a continuous line of wooded heights, is extremely extensive to the West where vast plains stretch out to the horizon.

The name of Versailles first appears in title-deeds dated 1075, established during the reign of King Philippe I.

In the late 16th Century, if contemporary chroniclers are to be believed, the manorial estate of Versailles so much tempted one of Queen Catherine de Medicis' favorites, a certain Albert de Gondi, Count de Retz, that he had its owner strangled. The Queen supposedly paid 35,000 'livres' (1) to the bereaved heirs, out of her own pocket, so that Gondi might become Lord of the Manor.

Fifty years later, in 1624, King Louis XIII was so taken with the site that he decided to acquire the top of the knoll — then the property of a certain 'demoiselle' Martin — so as to build himself a small hunting-lodge

(1) In the days of the french Monarchy the value of the "livre" or pound changed frequently. It can be roughly estimated equivalent to 2 shillings 5 pence in british currency of 1914 or to 60 cents U.S. of the same period.

there. He acquired mere 146 acres of land but, a few years later — in 1632 — the King decided to buy more land and to enlarge the Lodge. He bought a further 209 acres of pasture-land and, at the same time, the manorial title-deeds to Versailles from J.F. de Gondi, first archbishop of Paris.

At that time the village of Versailles bordered the 'Chemin aux Bœufs' (the Bullock Track), so called because the Normandy cattle wended their way along it when being driven to the Paris markets. Above this road, on the sides of the knoll, stood the Manor-House, a church and also a mill. The King's Hunting-Lodge was but a simple country-house, such as any well-to-do gentleman might possess, and its life was still intimately interwoven with that of the village below. In the 17th century, J.-F. Blondel, describing the Versailles of King Louis XIII writes : — "The Château, flanked by four pavilions of stone and brick-work, was surrounded by a breast-work beyond which lay a moat, also built of brick and freestone, surmounted by a balustrade. The small edifice lay among woods, fields and ponds to which Nature alone was the gardener. A little while later King Louis XIII had the woods opened up, the fields cultivated and a park laid out which, during his reign, never took up more space than that occupied, today, by the Gardens."

An old plan of Versailles, as it was is 1660 (see p. x-xi), shows us that the domain had by then grown in size to what, later, became known as the 'Petit Parc' (the Little Park) and that it had a walled-in area of about 2400 acres.

King Louis XIV, even more enamoured with the site than was his father, made further great acquisitions of land and, in 1680, a wall around the 'Grand Parc' (the Great Park) was constructed. It was close on 29 miles in length and enclosed an area of about 14800 acres

Parts of this old wall, as well as some of its 24 gateways, are still standing today.

This, in short, is how the immense domain of Versailles became Crown property.

When, in 1661, that great architect and landscape-designer Le Nostre, was called upon by King Louis XIV to submit a general plan for Versailles, his grandiose conception called for an axis starting of the heights of Vélizy, continuing along the Avenue de Paris, across the centre of the Château itself, then descending to the 'Tapis Vert' (the Greensward), on to the 'Grand Canal' and away as far as the village of Villepreux; an overall length of 8 1/2 miles or, in other words, just about as far as the eye can reach in either direction. His plan subdivided the domain into three distinct parts; immense formal Gardens around the Château itself, occupying the whole of what had been Louis XIII's park; 'Petit Parc', bordering the 'Grand Canal' and including the Trianon as well as the Menagery; 'Grand Parc' or 'Parc de Chasse' (Hunting Park) taking up all the rest. Gardens of such a size — and they were laid out between 1662 and 1668 — really called for a radical transformation of the Louis XIII buildings, but King Louis XIV, after endless vacillations and fruitless discussions with Colbert, his Minister of Finance, and the architects, would not agree; he insisted that his father's manor should be maintained unchanged.

But the new gardens, when finished, proved so completely out of proportion with the existing Château that the King finally decided to surround it by an absolutely new Palace. This work, entrusted to the architect Le Vau and carried out between 1668 and 1675, retained the Louis XIII buildings as a nucleus on the eastern side but completely hid them from the gardens. Not much later, in 1678, the architect

J.-H. Mansart was ordered to add northern and southern wings to the new Palace. While this work was in progress, he also altered the stone-work around the first floor windows of Le Vau's building and modified its internal subdivision so as to place the 'Galerie des Glaces' (the Hall of Mirrors) in the very centre of the western façade.

In 1680 King Louis XIV decided to make Versailles the official Court Residence as well as the seat of Government; so two further wings — but this time on the eastern side of the Palace — had to be constructed. These flanked the fore-court and became known as the Ministers' or Secretaries-of-State's Wings. The outhouses — connected with the old Château — were severed from the fore-court by semi-circular wrought-iron railings with a gateway in the centre, more or less where the (modern) equestrian statue of Louis XIV now stands. Thus, instead of one fore-court (as again exists today), two courtyards came into existance. The upper, which had belonged to the Louis XIII buildings, stood five steps above the lower, was completely paved in marble, and for this reason, became known as the 'Cour de Marbre'. The lower was known as the 'Cour Royale' or 'Cour du Louvre' as only those very highly-placed personages with privileges known as 'Honneurs du Louvre' were allowed to enter it in their coaches.

As mentioned earlier, Le Nostre's plan called for the transformation of Louis XIII's park into immense formal gardens. The indispensable huge terraces were obtained by widening the knoll, on which stood the old château, and constructing a series of enormous retaining walls well out from the western façade. Always maintaining the general axis of his plan, the central terrace juts out to westward in the form of a huge horseshoe, then comes a monumental stairway leading to a large rotunda, the 'Parterre de Latone'. Beyond it Le Nostre widened the 'Allée Royale' — now known as the 'Tapis Vert' (the Greensward) — bounded by the 'Bassin d'Apollon' (Fountain of Apollo), then excavated the 'Grand Canal' which he continued for as far as the level of the surrounding land allowed. Then comes another rotunda, the 'Grande Etoile', a wrought-iron gateway and beyond it a dead straight avenue right across the plain to the village of Ville-preux.

When, on May 6th 1682, King Louis XIV definitely moved to Versailles, hardly twenty years had gone by since he had started work there. In the shadow of the new Royal Residence, the village of fifty years earlier had grown into a town, divided into four quarters by the Avenue de Paris (wider than the most modern of motor highways), the Avenue de Saint-Cloud and the Avenue de Sceaux. At the apices of these three avenues, which converge at the Place d'Armes, two buildings of outstanding beauty and interest had been constructed; the 'Grande Ecurie' (Large Stables) for riding horses, and the 'Petite Ecurie' (Small Stables) for coaches.

In the gardens endless groves and spinneys had been laid out; marble and bronze statues or, in the fountains, leaden groups set up; everywhere there were marble vases and columns. In the wake of the Ancients, a new French school of art was prodigally showing its merit. Classic in its conception, this art was always intimately associated with the myth of Apollo, the Sun God, with whom the King was identified. And so the Sun with a human face in its centre was to be found everywhere together with the Royal Arms and with those two French national symbols the 'Fleur-de-lis' and the Gallic Cock; with the lyre; on the Royal Sceptre and together with the Hand of Justice; on the collar of the Order of Saint Michael and on that of the Order of the Holy Ghost. Apollo and Diana figure on the western façade together with the Months-of-the-Year and the Periods-of-Human-Life; their birth is featured in the Fountain of Latona; Sunrise in the Fountain of Apollo; Sunset in the Grotto of Apollo's Bath.

In 1689 Versailles was finished. Less than thirty years had been sufficient to complete the colossal undertaking to which the finishing touches were added at the end of the reign in the early years of the 18th Century, by the addition of the Royal Chapel. Only the Theatre remained incomplete and that was finished, by the architect Gabriel in 1770, for the marriage of the future Louis XVI to the Archduchess Marie-Antoinette of Austria.

One of the greatest difficulties King Louis XIV had to contend with, and which his engineers resolved with incredible tenacity, was the lack of water at Versailles. Early on they restricted themselves to pumping up the waters from the Pool of Clagny; later those of the River Bièvre were siphoned over the heights of Satory. Riquet, a well known engineer, even went so far as to propose canalising the waters of the River Loire (at its nearest, more than 60 miles away) to Versailles and Le Nostre's fertile imagination already saw them cascading into the 'Pièce des Suisses' ('the Swiss Guards' Pool). This idea had to be abandoned as it was technically impossible, as was proved by the Abbé Picard who proposed, instead, the draining off and utilisation of all the superficial waters existing on the surrounding tablelands. A whole network of rills, pools and aqueducts was laid out for 20 miles around — between Versailles and Rambouillet — which was ultimately to have been connected with the main aqueduct of

Maintenon. This aqueduct — over 16000 feet in length and 240 feet in height — was to have conveyed well over a hundred thousand tons of water per day from the River Eure to Versailles. Unfortunately Vauban — that eminent military engineer — was never able to finish its construction owing to the War of the Augsburg Coalition. So Versailles has to be content with the superficial water drained off the surrounding tablelands and this, in times of drought, is frankly insufficient. It was doubtless for this reason that King Louis XIV was so much attracted by Sualem and Arnold de Ville's project of elevating the waters of the River Seine. The well known 'Machine de Marly' was the result. It consists of a series of huge water-wheels, driven by the Seine's current, which at that time pumped up river water to the reservoirs of Mont-bauron. This machine, not very different to what it was in the 17th Century, still functions today but instead of pumping up river water it now supplies drinking water — from underground springs — to Versailles and other surroundingcommunities.

It is difficult to calculate what King Louis XIV really spent on Versailles and much nonsense has been written on this subject. We know, however, through the 'Comptes des Bâtiments' (Construction Accounts), started in 1664, that when the King died, in 1715, the sum total had reached 65,651,267 'livres', 18 'sols', 3 'deniers'. Even if the sums spent earlier, between 1661 and 1664, are added, it seems unlikely that more than 70 million 'livres' were spent (1).

Versailles was an incredible undertaking for an age possessing such meagre technical facilities and it is, today, practically impossible for us to evaluate the

(1) £ 8,375,000 of 1914 or 41,875,000 american dollars of 1914.

difficulties that had to be surmounted. Contemporaries, Dangeau for instance, sometimes left us interesting data. On the 27th August 1684 he wrote : — "During this last week 250,000 'livres' were spent at Versailles where 22,000 men and 6,000 horses were at work every day." A year later he noted 36,000 men at work.

The 'Comptes des Bâtiments' enables us to follow, with great nicety, the progress of work at Versailles as well as its cost. 6,103,760 'livres' was the maximum for any one year and that was in 1685.

But what can mere numbers, or sums spent, have in common with something of unique beauty owing to the harmony of its proportions and perfect measurements ? What can it matter if the roofs of Versailles have an area of more than 17 acres; that the 'Grand Canal' has a length of 5415 feet; that in King Louis XIV's time more than 1400 fountains existed and that, even today after so many vicissitudes, more than 2000 statues and vases remain standing ?

Dry data cannot be of any interest when we consider the beauty of the materials employed, the incomparable workmanship to be found there and the perfect taste of everything in Versailles.

The majesty of the whole even dominates the surrounding forests and has made it one of the most outstanding examples of the triumphs of human will-power.

English adaptation by
V. BAUDENS.

PLAN

des

JARDINS DE VERSAILLES

et des

TRIANONS

✣

PLAN

of

THE GARDENS OF VERSAILLES

and

TRIANONS

FERME
TOUR de MALBOROUGH
LE HAMEAU
CHATEAU NEUF
ORANGERIE
BASSIN du TREFLE
BELVEDERE
TEMPLE de l'AMOUR
THEATRE
PETIT TRIANON
TRIANON SOUS BOIS
SALON de JEU
BUFFET d'EAU
Musée des Voitures
GRAND TRIANON
N
GRAND
CANAL

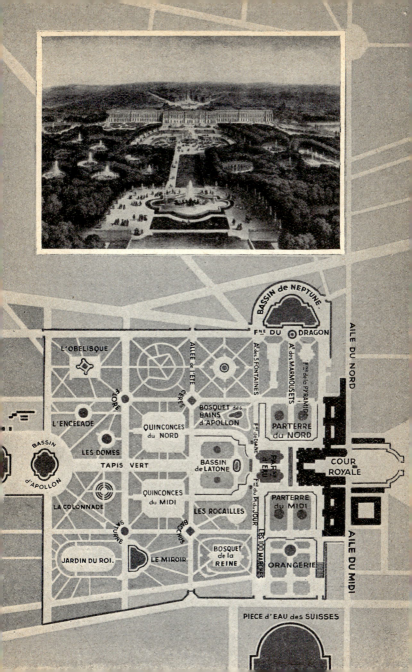

BASSIN de NEPTUNE

Fne DU DRAGON

AILE DU NORD

L'OBELISQUE

ALLÉE de l'ÉTÉ

Ae des 3 FONTAINES

Ae des MARMOUSETS

Fne de la PYRAMIDE

FLORE

CÉRÈS

BOSQUET des BAINS d'APOLLON

PARTERRE du NORD

L'ENCELADE

QUINCONCES du NORD

Fne de DIANE

P.de Fne d'EAU

COUR ROYALE

LES DOMES

TAPIS VERT

BASSIN de LATONE

BASSIN d'APOLLON

QUINCONCES du MIDI

LES ROCAILLES

Fne du Pt du JOUR

PARTERRE du MIDI

LA COLONNADE

SATURNE

BACCHUS

LES 100 MARCHES

JARDIN DU ROI.

LE MIROIR

BOSQUET de la REINE

ORANGERIE

AILE DU MIDI

PIECE d'EAU des SUISSES

Les photographies

1, 5, 6, 7, 8, 14, 15, 16, 17, 24 sont de
SOUGEZ ; 2, 3, 4, 10, 12, 19, 21, 22 de
JAHAN ; 9, 18, 20, 23 de NATKIN,
11, de FACHETTI, 13, d'E. LANDAU

Plan de R. Gourgues

INDEX

PORTRAIT DE LOUIS XIV

PAR RIGAUD

❧

PORTRAIT OF LOUIS XIV

BY RIGAUD

LE CHATEAU
DU COTÉ DES COURS

La Cour Royale au premier plan
était interdite à la plupart des voitures. Au fond, la Cour de Marbre
était réservée à la famille royale et
à quelques rares privilégiés. C'est
la cour de l'ancien petit château
Louis XIII, ornée sous Louis XIV
et augmentée d'un avant-corps par
Mansart qui le somma d'une horloge.
Les six fenêtres supérieures sont
celles de la chambre de Louis XIV.

⚜

THE CHATEAU DE VERSAILLES
FROM THE COURTYARDS

In the foreground, the Royal Courtyard; beyond that, the Marble
Courtyard, used by the royal family
only, and by certain privileged mem-
bers of the court. This was the
courtyard of the small château built
by Louis XIII; it was embellished
by Louis XIV, Mansart adding a
frontispiece surmonted by a clock.
The six middle windows of the first
floor are those of Louis XIV's bedroom.

LE CHATEAU
VU DU PARTERRE D'EAU

La façade se développe sur 670 mètres et ne peut être vue d'un seul regard.

THE CHATEAU
FROM THE WATER-PARTERRE

The façade, some 2,200 ft. in extent, is too vast for the eye to embrace it at a glance.

3

LE CHATEAU
L'ESCALIER DE LA REINE

Cet escalier qui date de 1679 était le plus fréquenté par la cour de France, au temps de la Monarchie, car il conduisait aux trois salles des Gardes ainsi qu'aux Appartements du Roi et de la Reine.

⚜

THE CHATEAU
THE QUEEN'S STAIRCASE
(1679)

Under the monarchy, this was the staircase most frequented by the court, since it led directly to the three guardrooms and to the appartments of the King and Queen.

4

LE CHATEAU
LA CHAMBRE DE LA REINE

Cette chambre fut restaurée en 1949. Ses boiseries datent de la reine Marie Leczinska. La cheminée fut refaite en 1782 pour la reine Marie-Antoinette. La tenture en soie brochée a été retissée à Lyon d'après un fragment retrouvé du dernier meuble d'été de la Reine. Au centre son portrait par Mme Vigée-Lebrun dans un cadre à ses armes ; à gauche le meuble à bijoux que la Ville de Paris lui avait offert en 1787.

✦

THE CHATEAU
THE QUEEN'S STATE BEDROOM

This room was restored in 1949. The boiseries were made for Marie Leczinska, Louis XV's queen ; a new fireplace was installed in 1782 for Marie-Antoinette. The walls are hung with silk, woven recently at Lyons after an original fragment which had been found on the last piece of "summer" furniture known to have belonged to the Queen. Her portrait, in the centre, is by Mme Vigée-Lebrun ; the jewel-cabinet in the corner was presented to the Queen by the City of Paris in 1787.

LE CHATEAU
LE SALON DE LA PAIX

Des marbres de nuances variées mais où le vert domine recouvrent les murs. Face aux croisées en arcades correspondent des panneaux de miroir où viennent se refléter les parterres d'eau et les vastes perspectives des jardins. Les peintures des plafonds représentent des allégories pacifiques. Au-dessus de la cheminée, portrait de Louis XV donnant la Paix à l'Europe, par Le Moyne.

THE CHATEAU
THE HALL OF PEACE

The walls are inlaid with marble of various colours, the prevailing shade being green. Opposite the rounded windows, tall panels of mirror reflect the fountains and the foliage of the gardens. The ceiling is painted with allegorical scenes, by Le Brun, representing Peace; and over the mantelpiece Louis XV is depicted (by Le Moyne) restoring peace to the peoples of Europe.

6

LE CHATEAU - LA GALERIE DES GLACES (1678-1684)

THE CHATEAU - THE HALL OF MIRRORS (1678-1684)

LE CHATEAU
LA CHAPELLE ROYALE
(1699-1710)

Bâtie par Mansart et Cotte. Le
sol est recouvert d'une splendide
mosaïque en marbre. L'orgue (1708)
possède encore ses jeux anciens.
C'est au pied de l'autel, décoré
par Van Clève, que Louis XVI, encore
dauphin, épousa l'archiduchesse Marie-
Antoinette d'Autriche.

THE CHATEAU
THE ROYAL CHAPEL (1699-1710)

Built by Mansart and Cotte. The
floor is a magnificent specimen of
marble mosaic. The organ dates
from 1708 and still possesses its
original stops. It was in this Chapel,
in front of the splendid altar deco-
rated by Van Cleve, that Louis XVI
— at that moment still heir to the
throne — was married to the Austrian
Archduchess Marie-Antoinette.

LE PARTERRE DU NORD
(1664-1668)

Dessiné par Le Nostre. Au premier plan, la Vénus Pudique, par
Coysevox, d'après l'antique. A
l'arrière-plan la Fontaine de la Pyramide, par Girardon.

⚜

THE NORTH PARTERRE
(1664-1668)

Designed by Le Nostre. In the
foreground a statue of Venus (La
Vénus Pudique) by Coysevox, after
the antique ; in the background
the Fountain of the Pyramid, by
Girardon.

LE PARTERRE DU NORD

Cette photographie prise des toits du Château permet d'embrasser d'un coup d'œil la majestueuse ordonnance du parterre tel que Le Nostre le conçut.

THE NORTH PARTERRE

This photograph taken from the roof of the Château shows the superb design of the parterre such as Le Nostre conceived them.

LE CHATEAU
ET
LE PARTERRE DU MIDI

❧

THE CHATEAU
AND
SOUTH PARTERRE

LE PARTERRE DU MIDI

Un des plus beaux parterres de Versailles flanqué par l'aile du Midi du Château qui abrite la Salle du Congrès où a lieu l'élection du Président de la République. Dans le fond l'immense pièce d'eau des Suisses (140 mètres de long), ainsi appelée parce qu'elle fut creusée par un régiment des Gardes-Suisses de Louis XIV.

⚜

THE SOUTH PARTERRE

One of the finest parterres of Versailles. On the left, the south wing of the Château in which is to be seen the Congress Hall where the President of the Republic is elected. In the background an ornamental pond 150 yards long excavated by Louis XIV's regiment of Swiss-Guards.

LA FONTAINE DU SOIR
ET
L'ALLÉE DES TROIS FONTAINES

Au premier plan la statue de *Diane* par Desjardins derrière laquelle se trouve la Fontaine du Soir faisant pendant à celle du Point du Jour (voir pl. 3). Le long de l'Allée des Trois Fontaines qui dévale vers le bassin de Neptune, on remarque les statues suivantes : *Venus, l'Europe, l'Afrique, la Nuit, la Terre, le Poème pastoral.*

THE EVENING FOUNTAIN
AND THE
THREE FOUNTAINS AVENUE

In the foreground, the statue of *Diana* by Desjardins ; and immediately behind it, the Evening Fountain (a pendant to the Daybreack Fountain, pl. 3). Other statues : *Venus, Europe, Africa, Night,* the *Earth,* the *Pastoral Poem* — line the avenue, which slopes down towarss the Basin of Neptune.

13

LE BASSIN DE BACCHUS OU DE L'AUTOMNE

C'est une des quatre fontaines exécutées pour chaque saison. Au fond on aperçoit la porte latérale de l'Orangerie et, au-dessus, la terrasse d'où Louis XIV, dans son fameux *Itinéraire des Jardins*, conseille de venir regarder, jalonnant la longue allée, les fontaines de Bacchus et de Saturne.

THE FOUNTAIN OF BACCHUS OR AUTUMN FOUNTAIN

One of four fountains representing the four seasons of the year. The doorway in the background gives access to the Orangery, and so to the terrace above, from which point of vantage Louis XIV himself, in his well-known *Guide to the Gardens*, recommends that visitors should view the Fountains of Bacchus and of Saturn, breaking the vista of the Long Avenue.

14

LE BASSIN DE LATONE, LE TAPIS VERT ET LE GRAN
THE FOUNTAIN OF LATONA THE "GREEN CARPET" AND THE GR.

ANAL
CANAL

LES CENT MARCHES

Un des deux escaliers géants bâtis
par Mansart, reliant l'Orangerie à
la Terrasse.

THE HUNDRED STEPS

One of the two gigantic flights of
steps (by Mansart) leading from
the Orangery to the Terrace.

LA SALLE DE BAL
OU
BOSQUET DES ROCAILLES

Dessiné par Le Nostre (1680-1683). Au premier plan les torchères et les vases sont en plomb doré. Au centre se trouvait jadis une sorte d'arène dallée de marbre et environnée d'eau. Elle était réservée à la danse et aux collations ; on plaçait la musique au sommet des cascades et les spectateurs sur les gradins de verdure.

⚜

THE BALL-ROOM
OR
" BOSQUET DES ROCAILLES "

Laid out (1680-1683) by Le Nostre. The candelabra and vases in the foreground are of gilded lead. In the centre there existed formerly an oval marble pavement, used for dancing and for open-air collations. The musicians gallery was above and behind the grassy tiers on which the spectators sat.

LA SALLE DE BAL

Un autre aspect de la Salle de Bal où les jours de Grandes Eaux, de gracieux jets d'eau retombent en cascatelles sur les rocailles que l'on distingue dans le fond.

✤

THE BALL-ROOM

Another view of the Ball-Room. On days when the fountains play, the water cascades elegantly over the decorative rocks seen in the background.

BOSQUET DE LA COLONNADE

Par Mansart en 1685. Trente-deux
colonnes de marbres de diverses
couleurs : brèche violette, bleu tur-
quin, Languedoc, supportant des
arcades et une corniche de marbre
blanc. Aux clés des arcs, têtes de
naïades, de sylvains ou de nymphes ;
aux tympans, jeux d'amours dont
la plupart semblent avec leurs instruments de musique former un concert
comme Louis XIV aimait ici en donner.

THE COLONNADE

By Mansart, 1685. Thirty-two
columns of marble of various colours
— violet breccia, dark blue, rose
pink — support arches and a cornice
of white marble. Heads of naiads,
fauns and nymphs are carved on
the keystones, and on the tympana
the Cupids, in bas-relief, with their
instruments, still seem to emit a
ghostly echo of the music to which
Louis XIV liked to listen here.

19

LE BOSQUET DE L'OBÉLISQUE
(1706)

Créé par Mansart, sa fontaine constitue un des plus puissants jeux d'eau de Versailles.

⚜

THE OBELISK GROVE
(1706)

The fountain (by Mansart, 1706) is one of the most powerful of the fountains of Versailles.

LE TRIANON DE MARBRE
ou
GRAND TRIANON

Élevé par Mansart pour Louis XIV
en 1687 à la place d'un pavillon
nommé le Trianon de Porcelaine
(1670). Les parterres datent de cette
première époque. Louis XIV et
Louis XV y venaient souvent. Marie-
Antoinette y installa le Dauphin.
Après la Révolution, Napoléon Ier
le remeubla et y séjourna avec l'impératrice Marie-Louise.

THE MARBLE TRIANON
OR
GRAND TRIANON

Built for Louis XIV by Mansart,
in 1687, in the place of an earlier
pavilion (1670) known as the "Trianon
de Porcelaine". The flower-beds are
a survival from this earlier period.
Louis XIV and Louis XV came here
often, and Marie-Antoinette made it
a home for her little son, the Dauphin.
After the Revolution the Grand Trianon was refurnished by Napoleon I,
who visited it with his second wife,
the Empress Marie-Louise.

LE GRAND TRIANON

On aperçoit ici l'élégant péristyle qui met en communication les jardins de Trianon avec l'entrée du Palais.

✣

THE GRAND TRIANON

The elegant peristyle which connects the entrance of Trianon and the gardens.

LE GRAND TRIANON

⚜

THE GRAND TRIANON

LE PETIT TRIANON
VU DU JARDIN FRANÇAIS

Élevé par Gabriel pour Louis XV entre 1761 et 1768. Louis XVI, après son avènement, le donna à la reine Marie-Antoinette. Après la Révolution, le château remeublé pour l'impératrice Marie-Louise, fut en dernier lieu habité par le duc d'Orléans, fils aîné de Louis-Philippe.

✠

THE LITTLE TRIANON
SEEN FROM THE FRENCH GARDENS

Built (1761-1768) by Gabriel for Louis XV. Louis XVI, after his accession to the throne (1774), presented it to his wife, Marie-Antoinette. After the Revolution, the château was refurnished for the Empress Marie-Louise, and was last occupied by the Duke of Orleans, eldest son of King Louis-Philippe.

LE PETIT TRIANON
LA CHAMBRE A COUCHER
DE LA
REINE MARIE-ANTOINETTE

Ce fut au temps de Louis XV le
Cabinet du Roi, dont les boiseries
rappellent le jardin botanique qui
s'étendait sous ses fenêtres. La reine
Marie-Antoinette coucha pour la
première fois dans cette chambre au
printemps de 1779.

⚜

THE LITTLE TRIANON
QUEEN'S MARIE-ANTOINETTE
BEDROOM

In the reign of Louis XV this was
the King's study, and the carving
of the panelled walls reflects the bota-
nical garden which in those days lay
beneath its windows. Marie-Antoinette first used this room as her
bedchamber in the spring of 1779.

25

LE PETIT TRIANON
LE TEMPLE DE L'AMOUR

Dans le jardin-paysager où ser-
pente une rivière artificielle s'élève
sur un îlot le Temple de l'Amour,
relié au rivage par deux ponceaux.
Au centre du temple, l'Amour taillant
son arc dans la massue d'Hercule,
statue d'après Bouchardon.

THE LITTLE TRIANON
THE TEMPLE OF CUPID

Standing on an island in an artificial
stream, reached from the gardens
on either side by miniature bridges.
Inside the Temple, a statue (after
Bouchardon) representing Cupid
whittling his bow from the club of
Hercules.

26

LE PETIT TRIANON
LE HAMEAU
DE LA REINE

Au centre et au fond
deux chalets unis par
une galerie rustique : la
Maison du Billard et la
Maison de la Reine.

THE LITTLE TRIANON
THE QUEEN'S VILLAGE

In the background the
two cottages, linked by a
rustic gallery, are the
Queen's House and the
Billiards House.

CHATEAU DE VERSAILLES
LA REINE MARIE-ANTOINETTE
PAR MADAME VIGÉE-LEBRUN

Plus connu sous le nom de « Marie-Antoinette à la Rose », ce portrait représente la Reine composant un bouquet de fleurs à Trianon.

PORTRAIT OF QUEEN
MARIE-ANTOINETTE
BY MADAME VIGÉE-LEBRUN

Popularly known as " Marie-Antoinette à la Rose". The Queen is shown composing a nosegay of flowers, at Trianon.

ACHEVÉ D'IMPRIMER
LE 29 MARS 1954
PAR
G. DESGRANDCHAMPS
PARIS